El seductor vampiro

John Danen

Published by John Danen, 2023.

While every precaution has been taken in the preparation of this book, the publisher assumes no responsibility for errors or omissions, or for damages resulting from the use of the information contained herein.

EL SEDUCTOR VAMPIRO

First edition. July 27, 2023.

Copyright © 2023 John Danen.

ISBN: 979-8224875344

Written by John Danen.

Tabla de Contenido

A los seductores elegantes que cual vampiros seducen a las chicas.

Introducción.

Hago este libro porque me he dado cuenta de que existen enormes parecidos entre el vampiro y el seductor. El vampiro se dedica al mal, es un ser de oscuridad corrompido por dicho mal. Es un ser nocturno con grandes capacidades para la seducción, enorme poder, y larga vida.

El seductor es otro ser de la oscuridad también, con grandes capacidades para la seducción, aunque no innatas sino trabajadas de un modo muy laborioso. También tiene enorme poder y larga vida en la seducción, y si predomina la faceta de la "dark seducción" el seductor se dedicará al mal, así que están muy parecidos en cuanto a lo que son cada uno.

El vampiro muerde y da vida eterna a quien muerde, o mata directamente. El seductor conquista a las chicas, las besa y esto es el equivalente al mordisco del vampiro. Después les da una buena o mala vida según merezcan, normalmente tirando a mala, pero aguantable. La única diferencia importante es que el vampiro es un ser sobrenatural y el seductor tiene unas capacidades casi sobrenaturales también, pero no lo es. La esencia es muy parecida.

Espero que no te tomes a cachondeo este libro, pues lo que voy a escribir tiene gran importancia y seguro que no te habías dado cuenta de ello. ¡Ah! y si hay vampiros de verdad, pues mira mejor que no vengan a visitarme, y si vienen que ofrezcan algo de calidad, como la vida eterna y cosas así, si no, de seductor estoy muy contento.

La indumentaria del vampiro.

El vampiro es muchísimo más elegante que el seductor sin ninguna duda. El vampiro clásico del siglo diecinueve viste capa, sombrero alto, traje elegante, cuello altísimo, de colores blancos, rojos y negros y tiene un refinamiento y un porte elegante, en gran parte aportado por la vestimenta. El vampiro romántico, es decir del siglo xix va muy bien vestido con ropas de altísima calidad, y lleva muchas veces atuendos que hoy ya no están de moda, como la capa o el bastón.

El vampiro llama la atención allá por donde va. También lleva gafas de sol oscuras, preferentemente de color azul, con ellas es capaz de salir a la luz del día. No todos pueden pero algunos sí.

La indumentaria del seductor.

El seductor si no pertenece a la "escuela del porte" que expliqué en el libro seducción 5.0 no va excesivamente bien vestido, va vestido casual, como le da la gana, puede ir elegante, puede ir deportivo, en fin, que crea su propio estilo y que se identifica con ese estilo. Jamás va el seductor vestido tan elegante y tan bien como un vampiro, pues no llega a tanto su refinamiento y exquisitez. Sólo algunos seductores muy pero que muy finos se acercan algo a la altísima calidad de la vestimenta y elegancia del vampiro.

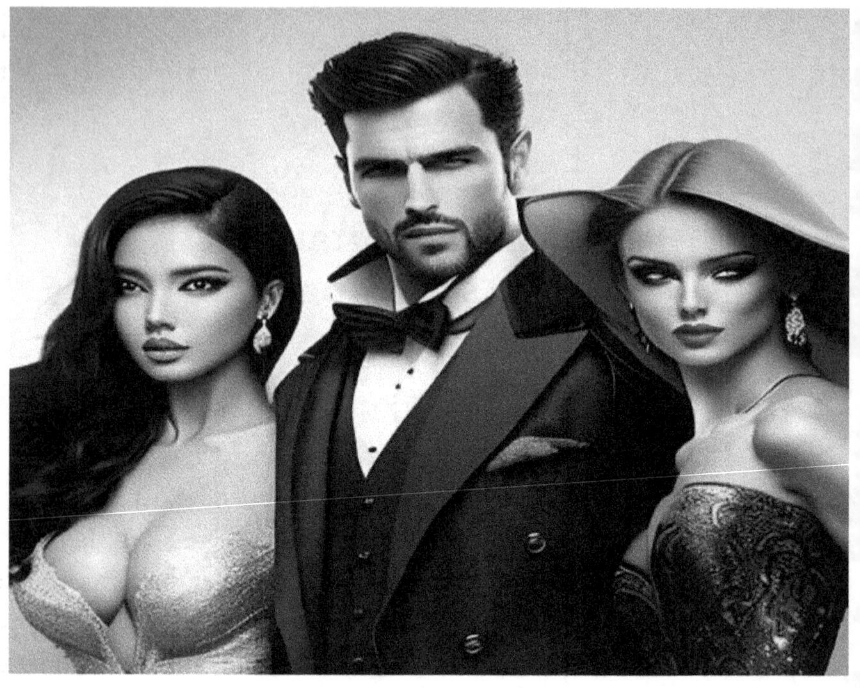

Bastón de mando.

Un complemento que llevan los vampiros muchas veces es su bastón. Seguramente no te hayas dado cuenta de lo que significa este bastón. Este bastón es llevado por el vampiro no porque esté viejo o le cueste caminar. Se trata del bastón de mando, el que llevan, los reyes, los príncipes, la gente de la alta nobleza, o militares, caciques, o dictadores. El portar el bastón de mando significa que tienes autoridad. Significa que el que lo lleva es el que manda. El bastón de mando te confiere un estatus por encima de todos los demás, serás el que manda y dirige a todos. Drácula y muchos vampiros lo llevan. Este es un bastón elegante, profusamente trabajado y adornado, hecho de metales y piedras preciosas, y da el toque acaudalado y poderoso al vampiro. Normalmente el vampiro pertenece a la nobleza o incluso a la realeza y es por ello el por qué lo tiene.

El bastón de mando lo tienen autoridades, alcaldes, mariscales, emperadores, presidentes de países y por supuesto... los vampiros.

También te sirve para defenderte con el si fuese preciso, dando fuertes golpes a los enemigos

El abrigo largo o capa.

Así es, todos los vampiros van vestidos con capas o abrigos largos. Son prendas que dan el toque misterioso, pues ocultan casi totalmente el cuerpo. De ahí pueden sacar armas o envolver a las víctimas con él. El vampiro puede mover su capa y desaparecer dentro de ella alejándose de los enemigos. Un vampiro sin su capa no es totalmente vampiro. Esta capa te da el toque elegante y distinguido. Si es negra por fuera y roja por dentro con cuello alto, mejor que mejor. Hoy en día el vampiro puede llevar un abrigo largo con cuello alto a modo de capa. Su función es la misma y no desentona en estos tiempos. El abrigo será siempre de fina seda en el interior. Con este abrigo o capa envuelves a las muchachas y las tienes totalmente en tu poder.

Anillos.

El vampiro llevará siempre una cantidad exagerada de anillos con pedruscos gigantescos de todos los colores. Esto te dará el toque opulento, sofisticado y exquisito. Un toque que te diferencia de los demás mortales, nunca mejor dicho. El joyero del vampiro debe de estar muy acaudalado porque realmente son piedras preciosas de altísimo valor y enorme tamaño, que deben de costar una barbaridad. El vampiro suele adquirir sus anillos como parte de la herencia de su ancestral familia, y le sirven para fascinar a las mujeres, pues va más ornamentado que ellas, pero muchísimo más. El vampiro tiene conocimientos altos de orfebrería y joyería, y valora en gran medida estos anillos, sino no se explica que lleve siempre esos anillos gigantescos.

JOHN DANEN

Pulseras.

El vampiro también llevará pulseras de oro macizo, nunca de plata, pues le molestan a la vista. Como dije antes el joyero del vampiro estará forrado de dinero si es que éste no lo ha matado antes, pues todo esto debe de costar muchísimo dinero, además son piezas antiguas que se remontan a varias generaciones atrás y que son muchas veces heredadas. Si el vampiro tiene problemas económicos bastaría con vender alguna de estas piezas y podría vivir un año entero, pero jamás se desprenderá de nada, pues tienen un inmenso valor para él.

Lo más probable es que en la pulsera estén grabadas las iniciales de un amor de hace siglos. Pues el vampiro en el fondo es un romántico, y en eso se diferencia notablemente de los seductores que de románticos no tenemos absolutamente nada.

Colgantes y broches.

El vampiro también suele llevar colgantes, eso sí, nunca con una cruz, pero puede llevar la orden del dragón, o alguna insignia, o antigua distinción militar. Siempre será aún broche gigantesco, el cual le confiere el estatus de general de ejércitos, o caudillo de grandes territorios.

El mortal que ve esto no sabe de la enorme importancia que tienen estas joyas, y simplemente queda alucinado al ver la elaboración y ornamentación de estos broches y colgantes. Para el vampiro son cosas muy preciadas y no se deshace de ellas jamás. La mayoría son centenarias.

Pendientes.

El vampiro no suele llevar pendientes, quizás algún vampiro más modernizado pueda llevarlos, pero en general no los llevan. El seductor sí que puede llevarlos. Pero más bien es algo ocasional en ambos, la gran mayoría de vampiros y seductores no llevan pendientes.

Sombreros.

El vampiro llevará un sombrero largo, preferentemente negro. El sombrero otorga la distinción y elegancia y le diferencia de la gente común que no lo lleva. El sombrero siempre será de copa. Este sombrero da el toque del siglo xix elegante y refinado y el estatus superior que le corresponde por linaje, posesiones, o títulos. Hablaré más delante de como incorporar todas estas vestimentas y complementos a la indumentaria del seductor.

Relojes.

El seductor vampiro es un enorme aficionado a los relojes y los tendrá de todos los colores, preferentemente azules y negros, también rojos. Un buen seductor vampiro tiene un mínimo de seis relojes. También tiene relojes de bolsillo que exhibe por las noches en los pubs cuando está seduciendo a alguna mujer, lo cual le da el toque elegantísimo, que sólo el seductor vampiro tiene. El seductor vampiro hace de los complementos una parte sí de mismo y estos le aportan más elegancia glamour y sofisticación. Por supuesto jamás llevará ningún reloj digital, todo será siempre analógico y con los números bien claros, números arábigos muy grandes. Es especialmente valorado un reloj de fondo blanco con números arábigos negros muy visibles.

Cuando está en el pub con la chica mira en su reloj de bolsillo la hora y la chica queda impresionada de semejante sofisticación y opulencia.

Escudo de armas.

El seductor vampiro que ha prosperado y se ha convertido en un opulento ricachón buscará comprarse una casa con escudo de armas para darse más aires altivos y de nobleza. Esta casa antigua grande y solemne, bien puede ser la morada, al menos temporal del seductor. Si este seductor no viene de la nobleza, la acción que realizará será comprarse o construirse una casa con escudo de armas. Si la casa no lo tiene, el mismo puede diseñar su propio escudo de armas y mandar tallarlo en la portada de su nueva mansión. Cualquier cantero te lo podrá hacer fácilmente y ya tendrás tu escudo.

Un seductor vampiro debe diferenciarse con todas estas cosas pomposas y rimbombantes de toda la demás gente del populacho.

Las vampiresas.

Al igual que existen los vampiros seductores, también existen mujeres totalmente parecidas a nosotros, las vampiresas. La diferencia entre el vampiro y las vampiresas es que las vampiresas tienen una vida totalmente fácil, incluso regalada. Cada noche salen a cazar y cazan en abundancia y realmente esto es muy satisfactorio para ellas, pero no tiene ningún mérito. Porque es mejor el delantero que mete goles que el portero que se deja meterlos, para ellas es constante la presión para ligar y tienen que seleccionar. Nosotros somos los que presionamos para que esto suceda, así que estás vampiresas aunque alguna pueda ser atractiva, el propio vampiro las desprecia profundamente y las repudia. No le subimos más el ego a estas ególatras.

Aspecto general del vampiro.

En general el vampiro luce un aspecto magnífico, es joven y atractivo muchas veces, otras es de mediana edad con un poco de canas, y estas le dan más atractivo todavía. Lleva ropas elegantes caras y sofisticadas, posee ademanes finos y elegantes, sabe de historia. Otra característica del vampiro es que es un hombre de profunda sensibilidad, amante de todo tipo de artes. Es un sibarita de la vestimenta y es también un seductor exquisito que irá minando la resistencia de sus víctimas con su encanto y su lenguaje de acento extranjero. El vampiro habla finamente, cuenta historias maravillosas de mundos lejanos que sólo él conoce. El vampiro embelesa a las muchachas con su refinamiento y porte imperial. El vampiro sabe de historia, de geografía, de ciencia, de todo.

Vampiro avejentado por no beber suficiente sangre

Vampiro pletórico de poder.

Aspecto del seductor.

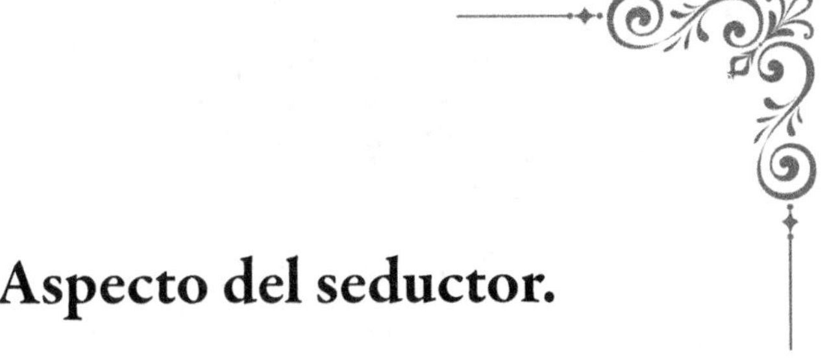

El seductor será bastante menos elegante que el vampiro, suele llevar muchos complementos también como el vampiro como anillos, pendientes, pulseras, colgantes. Lleva ropa elegante si le apetece. El seductor podrá tener ademanes finos también, pero no llegará al extremo de sofisticación elegancia y refinamiento que un verdadero vampiro tiene. El seductor irá envejeciendo mucho peor que el vampiro porque no es inmortal, así que tratará de compensar esta pérdida de belleza con un mayor número de complementos y mejores vestimentas. De todas maneras el seductor casi siempre tendrá un aspecto excelente, no magnífico como el vampiro, pero sí muy atractivo.

Si el seductor quiere lucir tan elegante como el vampiro, lo que ha de hacer es copiar disimuladamente su vestimenta, en vez de capa llevará abrigo largo, en vez de broche, algún pin o insignia, también se puede subir el cuello de la camisa a lo vampiro. Imitar colores y andar con aires distinguidos. Hablar despacio haciendo pausas, mirar a la gente y trasmitir con la mirada la esencia de sus relatos. La mirada es el arma más importante de ambos.

El seductor puede y debe incorporar la esencia del vampiro a su vestimenta y a su comportamiento. Los dos parecen bellos por fuera, pero son unos monstruos por dentro. Los seductores no son más que vampiros que no se han dado cuenta de que lo son.

Historia de terror.

En un frondoso bosque más allá de los Cárpatos, existió un castillo donde realmente vivió un hombre llamado, Vlad Tepes, alias "el empalador". Se dice que este hombre empalaba a sus víctimas que solían ser prisioneros de guerra musulmanes y después comía viéndolos retorcerse y agonizar clavados en las estacas. Además empaló a una suma bastante respetable, unos 10000 empaló. Se dice también que en Transilvania fue donde nació el mismísimo conde San Germain el inmortal que asombró a varias de las cortes del siglo xviii, especialmente a la francesa.

Se decía que este hombre nunca comía, que sabía trasmutar el plomo en oro, que hablaba ocho lenguas, que había vivido en tiempos de Jesucristo, que sabía tocar muchos instrumentos. Sabía todas las ciencias y era encantador. Era un hombre inmortal que reapareció en el siglo xix y en el xx y aún hoy en día siguen viéndolo, quizás es verdad que existen los vampiros, yo realmente creo que sí.

Por algún mecanismo misterioso puede ocurrir que un hombre descubra algo a través de la alquimia, o simplemente ocurra que aparezca una rareza biológica que se perpetúa y se reproduce. Con la sangre, con algún elixir de la eterna juventud, con la piedra filosofal, o como quiera que suceda, el vampiro se convirtió en inmortal.

Y aquí en Galicia también existió un hombre, no vivió en un castillo, no se llamó Vlad, pero el apodo sí que podría ser también "el empalador" porque las empaló con su grueso miembro. Otra semejanza más entre los seductores y los vampiros, ambos somos empaladores.

Los vampiros hacen sufrir a hombres y mujeres, los seductores hacen gozar a las mujeres, especialmente cuando son empaladas. También hacen sufrir a los hombres de ver tanta empalación y ellos no conseguir nada.

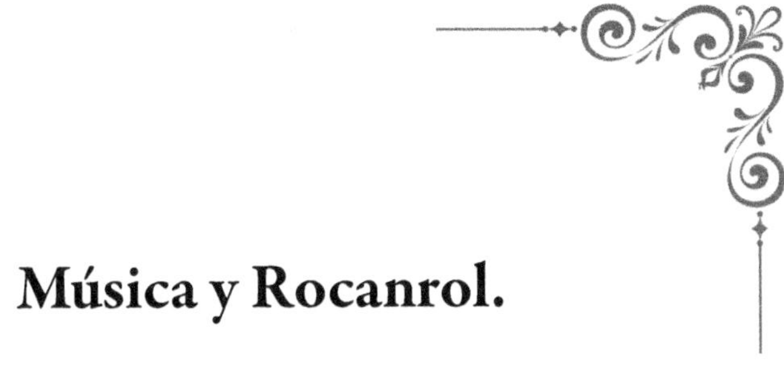

Música y Rocanrol.

A los dos les gusta el rock and roll, el vampiro sin ninguna duda, debe de oír música tipo metal, pesada e industrial, también música de órgano de iglesia y música clásica; pues es una persona de finos modales y gustos muy sofisticados. El vampiro con tendencia al romanticismo podrá oír alguna música más suave también clásica, en este caso de violines. Las orquestas sinfónicas serán muy conocidas y valoradas por el vampiro y apostaría que Vivaldi le gusta. De lo que estoy seguro es que al vampiro le encanta Bach. Donde el vampiro se encuentra más a gusto es oyendo música de órgano de iglesia, así que con certeza Bach es su compositor favorito. Sobre la música que existe ahora mismo podríamos decir que al vampiro le gustan los grupos del mal por así decir, grupos de oscuridad, góticos, o de tecno metal con sonidos pesados, rocanroleros, e industriales.

Los músicos y grupos que con certeza gustan al vampiro son los siguientes:

- Marilyn Manson.
- Rammstein.
- Einsbrecher.
- Blutengel que es un grupo muy vampírico.
- Sopor Aeternus. Vampírico al máximo.

El seductor si en él domina el lado oscuro, es decir si es un "Dark seductor" tendrá exactamente los mismos gustos, gustándole la música de órgano y estos grupos antes puestos, pero sí domina su faceta de luz, entonces tendrá otros gustos diferentes y otros grupos como por ejemplo:

- Moby.
- Mike Oldfield.
- Columpio asesino.
- Los ilegales.
- Roxy Music.
- Omd.

Los primeros son grupos de oscuridad y los segundos de luz.

Como canción más vampírica del mundo considero a "Death soulds" de Sopor Aeternus. Una música excelente que habla precisamente de los vampiros.

Seductor vampiro roquero.

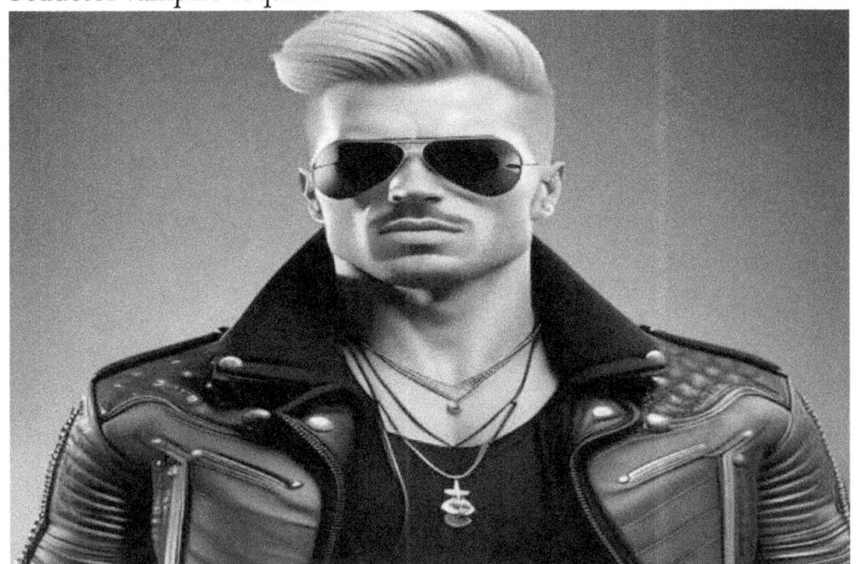

Seductor vampiro estilo gótico, altamente aficionado al metal

La absenta.

Como dijo el vampiro en la película a su bella dama.
"La absenta es el afrodisíaco del yo,
el hada verde quiere tu alma
pero tranquila conmigo estás a salvo."
Y así es, los vampiros beben absenta y los seductores medio locos como yo también.

Con esta bebida se te va la cabeza, tienes enorme creatividad y visualizas todo mucho mejor, realmente se te va la cabeza con el Hada verde. Otra similitud más entre los vampiros y los seductores. El propio Drácula la bebió en el siglo xix.

Mantra.

R epite conmigo.

-Yo quiero

Yo deseo

Yo decreto

Yo exijo

Que todos mis deseos se materialicen en la realidad, pues el fucking power está conmigo.

Y esto lo grito alto y fuerte sin temor a ser oído, sin importarme nada lo que piensen los demás, yo soy uno con el fucking power y nada malo puede sucederme-

Gracias al fucking power materializo todo aquello que deseo y esta es la fuente de mi poder. Mi capacidad de visualizar y la creencia absoluta de que el fucking power me provee de todo lo que quiero, realmente me empoderan.

Más allá del tiempo y del espacio, cruzando océanos y cordilleras, el fucking power me trae aquello que le pido. Una revelación mística, un rio fluyendo, el mar rompiendo contra las rocas, la nube que tapa el sol, todo es parte del fucking Power, yo lo absorbo, lo impregno con mi pensamiento y lo emito y el vuelve a mí con lo deseado.

Dios no juega a los dados.

Todo aquello que te sucede, aunque parezca que es malísimo, debes aceptarlo, porque no sabes realmente cuáles serán las consecuencias de aquello que deseas. Pero Dios que está en lo alto y todo lo ve y todo lo conoce, sabe qué es lo que te conviene y por ello no te lo concede. Te quita lo que quieres porque tiene un plan mejor para ti, así que no te arrepientas de nada, Dios no juega a los dados, no te desanimes si no salen las cosas, forma todo parte del plan y así debe de ser y es perfecto.

En el universo se ha descubierto que existe una súper simetría que no tiene ninguna lógica y es la prueba de que esto es algo muy grande, o bien una simulación infinitamente potente, o bien una obra de alguien o algo con sus leyes inmutables. Entre estas leyes está el que tú puedas atraer aquello que deseas visualizándolo y Dios así lo quiere y se congratula.

Einstein uno de los hombres más inteligentes del mundo dijo "Dios no juega a los dados", acata y agradece lo que Dios te da.

Nocturnidad.

El seductor y el vampiro ambos son criaturas de la noche, el seductor verdadero reniega del sol y solamente sale a cumplir su función al caer la noche, exactamente como hace el vampiro. Esta es otra similitud muy grande y que me ha llevado a establecer nexos de unión entre ambos. El seductor desarrolla su depredación en la oscuridad casi siempre, más aún si es un dark seductor, entonces evitará la luz cual vampiro y por el día solamente se dedicará a dormir, si es que puede permitírselo. Saldrá solamente a hacer las mínimas compras, siempre ataviado con mucha protección para el sol, portando gafas de sol que le quiten esa luz solar que tanto le daña y le molesta. No le daña tanto como al vampiro, pero sí bastante. El seductor jamás practicará el "daygame" que es llamado por él "diegame", pues es algo que casi lo mata y le produce fuerte aversión.

La noche es nuestra amiga, en ella se camuflan los defectos que vas teniendo con la edad, no se nota tanto la falta de pelo, ni las arrugas, ni siquiera si estás algo pasado de peso, se nota esto tan claramente como a la luz del día. La noche es favorable, pues la oscuridad embellece nuestro cuerpo, nos camufla los defectos. Además el alcohol que ellas mismas se toman solitas, las debilita y las hace más receptivas a nuestros encantos.

Los verdaderos cazadores siempre son nocturnos, acechan en la oscuridad. El vampiro está pletórico por la noche, el seductor lo mismo. La noche es magia, la noche es nuestra vida. El seductor y el vampiro se recogen al amanecer con la satisfacción del deber cumplido. A veces vuelven a su guarida solos, otras veces acompañados por nuevas y estupendas muchachas que pasan a gozar los placeres del lado oscuro esa misma noche. Unas se harán vampiresas en este caso buenas y otras seguidoras acérrimas del seductor. Del bien surge el mal y del mal surge el bien.

Gusto por el riesgo.

Al seductor y al vampiro les encanta el riesgo, podrían estar tranquilos cada uno en su casa, uno en su castillo y el otro en su apartamento con alguna buena y caliente mujer. El vampiro tendría su vampiresa y sería feliz y el seductor a su amiguita y no buscarían nada más, pero no, lo que más les gusta a ambos es el salir a cazar. A veces las presas duran una noche o pocos días, y tan pronto como se adquiere la pieza, se elimina de sus vidas. Otras veces no, otras veces por la calidad y excelente comportamiento de la mujer, son convertidas en vampiresas o en nuestras acólitas más fervientes, nuestras amigas íntimas que nos perdonan todo, nos adoran y valoran muchísimo. Nuestra tríada, las tres mujeres que todo buen seductor acapara para su disfrute. Esta triada aparece también en la película "Drácula" de Francis Ford Coppola. Drácula tenía su tríada, tres mujeres estupendas que estaban en su castillo, y así pasaba los siglos consolándose por no tener a su verdadera amada Elizabetha. Con esta tríada Drácula estaba bastante más contento que en soledad y se le hizo más llevadera la inmortalidad.

Nosotros al igual que el vampiro también formamos nuestras triadas o cuartetos y nos consolamos con estas mujeres cuando la cacería no es satisfactoria.

¿Y qué opino de ligar?, ligar es algo de muchísimo riesgo, más aún que escalar, pero en el riesgo está el sentirte vivo de verdad.

Creación del grupo de acólitos.

Drácula tiene sirvientes, más bien esclavos, a los que da parte de sus poderes y ellos le protegen durante el día y le sirven fielmente. Estos acólitos, estos servidores, cómo Renfield, son valorados y apreciados por el vampiro aunque los trata bastante mal.

Nosotros los seductores no tenemos estos acólitos tan claramente serviciales, pero sí tenemos nuestros followers, nuestros seguidores en las redes sociales que nos consideran alguien muy grande y que nos defienden y valoran muchísimo. Nosotros nos dedicamos a mostrarles el lado oscuro, a enseñarles las técnicas tanto de la luz, como de la oscuridad, nos dedicamos a formarlos, a traspasar nuestro conocimiento, y ellos lo agradecen mucho. También tenemos semejanza en esto, además nosotros les damos a nuestros seguidores un trato muchísimo mejor que el que les da el vampiro. No confundir seguidores con las chicas, los acólitos son hombres duros y sinvergüenzas.

La morada del vampiro.

Al vampiro le gusta vivir en un desvencijado castillo en las montañas, un castillo con un mobiliario súper anticuado, frío, húmedo y tenebroso. Un castillo que no puede costear adecuadamente y que tiene un montón de suciedad, telarañas, y extraños cachivaches de siglos pretéritos abandonados cogiendo polvo. Este castillo muestra la grandeza y opulencia del conde vampirico siglos atrás, pero hoy en día es decrépito y excesivamente grande. Drácula no está muy al corriente de pagos y se ilumina con velas a la antigua usanza, esto le da el toque tétrico y tenebroso al castillo. También tiene allí a sus criados que le sirven, a sus acólitos que le protegen de la luz. En su cripta está Drácula bien a gusto descansando sin ninguna luz que le moleste.

Este castillo sirve para recibir a las visitas e impresionarlas con la opulencia y antiguo esplendor de las estancias habilitadas, aunque en realidad lo que trasmite es un abandono y declive muy grande, pero así le gusta más a su dueño, destartalado y en franco declive, así goza el castillo de un halo romántico y lúgubre excelente.

La morada del seductor.

La morada del seductor es una casa mucho más modesta que la del vampiro. Al seductor le gusta vivir en lo alto, por eso prefiere áticos y últimos pisos desde donde poder disfrutar las vistas. Allí sube a sus víctimas para que disfruten de la terraza si la tiene, o por lo menos de estar en lo alto y poder ver mucho territorio. Si la casa está frente a un bosque, mejor que mejor.

El seductor es un entusiasta de la música, y en su casa siempre tendrá un equipo musical de altísima potencia, con el cual escucharan él y sus chicas las buenísimas canciones que tiene siempre a mucho volumen, y con ello las muchachas disfrutarán enormemente.

El seductor al igual que el vampiro también toca algún instrumento, un bajo, una guitarra, muchas veces un órgano musical con maestría bastante alta.

Costumbres.

El vampiro se levanta al anochecer y sale toda la noche en busca de nuevas víctimas. La noche es toda magia y allí en la oscuridad, siempre al acecho, se oculta el vampiro dispuesto a morder. Nosotros seductores somos como los vampiros y salimos también por las noches, durante el día estamos reposando, dormitando y descansando, para estar totalmente operativos al caer el sol.

Otra costumbre es no preocuparse de nada y estar siempre simpático y alegre. ¿De qué hay que preocuparse cuando uno es consciente de que es un seductor vampiro? De nada, sólo te ocupas de disfrutar.

Sadomaso.

Tanto el seductor como el vampiro tienen su tríada. Estas mujeres están dependientes y alucinadas con tu enorme poder, viven para servirte y darte placeres. Ellas están a tu mandato, a lo que las ordenes, pues aprecian tanto tus cualidades que se dejan hacer en el campo sexual lo que tú quieras, por eso tanto el seductor como el vampiro tienen por lo menos una triada montada.

Estas acólitas disfrutan complaciendo al amo y hacen todo aquello que les pides.

Y como hay diferencias entre el amo y las esclavas, pues obviamente ellas han de satisfacerte y cumplir todas tus perversiones, pues son muy afortunadas de estar contigo y deben de agradecerlo. Así, tanto el seductor de nivel altísimo que ha llegado a esclavizador, como el vampiro hacen sadomaso con sus anegadas chicas.

Sadomaso ¡Yeah!

Sexo oral.

El vampiro es un sibarita sexual muy aficionado al sexo oral, especialmente al que ellas le dan.

Una mujer con los labios pintados de rojo intenso recalca más esta parte del cuerpo tan carnosa, si le ponemos una máscara que le tape casi toda la cara excepto los ojos y la boca, esto incidirá en el morbo que da esa boca, que será otro órgano sexual más y el vampiro disfrutará viendo cómo se la fela su esclava.

Esta máscara se le puede poner para eso, recalcar más la función sexual de la boca y de paso dominarla. Toda felación bien hecha debe ser vista perfectamente por el vampiro para ser totalmente satisfactoria. El vampiro se volverá muy exigente en este campo y no transigirá el más mínimo fallo.

Ciudades y lugares
favoritos.

Al vampiro y al seductor nos gustan las mismas cosas. Dejando de lado el momento de seducir en el cual hay que ir al pub sí o sí y no hay otra elección, iremos casi a los mismos lugares. El pub es por así decir, nuestro medio natural, la oscuridad, estar camuflado entre la gente es una gozada. Pero realmente el sitio donde tanto el seductor como el vampiro se encuentran cómodos en su tiempo de descanso de la depredación, es en el bosque, las montañas, y los ríos.

A todo el mundo le da por ir a la playa y está bien también, no digo que no sea buena, pero es preferible para mi gusto las montañas altas con grandes bosques y ríos caudalosos, donde saltar de los árboles al rio y disfrutar la corriente. Además estos sitios son mucho menos visitados que las playas, que están totalmente saturadas. Aquí encuentras el relax y la paz que te da la naturaleza, y te sientes de puta madre.

Pensar un poco, la morada de Drácula no estaba en una ciudad, estaba perdida por las montañas de Transilvania, pues el seductor lo mismo, suele tener una casa a las afueras de la ciudad, en plena naturaleza, después sale siempre por la noche a cazar, y al amanecer se oculta de nuevo en su sombría morada. Mi casa es así, está a las afueras de la ciudad y da a un bosque, además es sombría pues está orientada al norte y nunca me entra el sol, por lo tanto más puntos para mi creencia de que si no soy un vampiro, al menos tengo bastante que ver con ellos.

Por la noche dejo la ventana abierta y oigo como los búhos del bosque hacen sus cánticos. El bosque está justo enfrente de mí y ocupa toda la extensión de la vista. Los búhos suenan con su cántico nocturno súper agradable, y yo los oigo desde la cama. Muchas veces me asomo a la ventana y me pongo a escucharlos atentamente, a veces estoy tentado a bajar al bosque de noche y estar ahí escuchando a las criaturas. Creo que lo haré muy pronto.

También cerca de mí hay otro bosque aún más profundo al que he llamado "el bosque fragante y sombrío" como la canción de los ilegales. Allí voy a hacer meditación, incluso he visto águilas enormes. Las águilas salen volando en cuanto me ven pues hasta el depredador más grande, cuando ve al vampiro huye. En ese bosque fragante y sombrío se está de puta madre, te sientes en comunión con la naturaleza y usas esas energías para visualizar mejor y relajarte, y así usas el fucking power con más facilidad.

Las ciudades medievales que tienen zonas clasificadas como históricas, las así llamadas "ciudades viejas" tienen mucho más encanto. Estas ciudades antiguas son el lugar donde al vampiro le gusta vivir, y también sucede así al seductor. Existen pubs antiguos de piedra y madera ubicados en estas "zonas viejas" que eran caballerizas hace cien años y es allí donde el seductor se encuentra a gusto, pues le recuerdan al castillo del vampiro.

No nos gustan tanto los pubs modernos, pues no son sofisticados en el mobiliario, más bien minimalistas. Son los pubs arcaicos llenos de madera, piedra y música rock o incluso celta, los que nos entusiasman.

Aquí en mi Santiago de Compostela gozo de innumerables pubs lúgubres y sombríos donde cual vampiro me refugio. La ciudad cuanto más lluviosa y con menos sol mejor, pues hace daño al vampiro y también al seductor nocturno que tolera poco el sol y siempre quiere estar en la sombra. Así que Santiago de Compostela es una buena ciudad, tanto para un vampiro, como para un seductor, pues siempre está nublado y lloviendo y el sol no nos daña. Los que estamos acostumbrados a salir por la noche, el día nos deslumbra con tanta luz.

Otras ciudades recomendadas son Segovia, Oviedo, Santander y Castro Urdiales en Cantabria.

Yo siempre voy a ríos porque allí estás a la sombra de los árboles y no te mortifica el sol. ¡Cuántas semejanzas entre los seductores y los vampiros! las ciudades antiguas, el clima lluvioso y los pubs de piedra y bien oscuros.

Bach, Vivaldi, piezas e instrumentos recomendados.

El seductor vampiro escuchará música clásica, especialmente música barroca. Los máximos exponentes son Vivaldi y Bach. Vivaldi tiene una amplísima variedad en música de calidad, montones de piezas que son maravillosas donde cobran preponderancia los violines y mandolines. Bach se centra más en el órgano, las cantatas y los oboes. Es especialmente interesante la música de órgano de iglesia. Esta música es mecánica, fría, artificial, y crea un ambiente mágico. Si escuchas el órgano de la catedral te dejará con la piel erizada, pues realmente es algo sublime y grandioso. La música de órgano de catedral es la mejor música que pueda existir, por encima de la clásica de violines porque esta suele ser un poco pomposa.

Otro instrumento mágico es el clavicornio, que es un piano antiguo solemne y mecánico que da un toque exquisito y elegante a la música. Aquí incluyo a Handel también que es un consumado clavicornista que se enfrentó al maestro Scarlatti, el otro maestro de este instrumento en un duelo épico.

Voy a poner una selección de las mejores piezas musicales que todo seductor vampiro debe oír mientras está en su casa velando armas, presto para salir a depredar. Buxtehude es otro compositor que también merece ser escuchado.

A mí me gusta el rock y a ti supongo que igual, pero hazme caso y escucha estas piezas a volumen alto, son una pasada.

Bach:

Bwv 593 Organ Concerto in A Minor de Bach. Recomiendo esta especialmente.

Fugue in G-minor BWV 578 - J S Bach

Bach - Fantasía and fugue in G minor BWV 542

Bach Prelude and fugue in B minor BWV 544

Bach Harpsichord Concerto Nº 1 in_D_Min

BWV 593 Organ Concerto in A Minor. Muy recomendado.

J S Bach Cantata BWV 29

Johann Sebastian Bach - Tocata y fuga en re menor BWV 565. La más conocida.

Vivaldi:

Vivaldi Concerto for Violin and Organ

Antonio Vivaldi La tempesta di mare.

Gloria in excelsis deo. Antonio Vivaldi

Vivaldi,_Concierto_para_2_mandolinas

Vivaldi RV 230 C para órgano. ¡Qué bien lo hizo el cabrón de Vivaldi! , al nivel del maestro Bach

Vivaldi Sinfonia en C Major Allegro. De violines, exelente

Antonio Vivaldi La tempesta di mare. Otra de violines

Buxtehude:

Dietrich_Buxtehude,_Toccata_en_Fa_majeur.

Alleluia Buxtehude

Handel:

Handel harpsichord Suite Nº 7 in G min

La noche.

La noche es magia, de noche todo adquiere un aspecto más tenebroso, la gente tiene miedo pues no se ve bien, es más fácil ocultarse, la noche camufla tus defectos, tus arrugas de vampiro centenario, en la noche se maquilla todo. Además, en la fiesta nocturna la gente está alegre, beben ríen y bailan, el ambiente festivo predispone al amor y a la pasión. Es un mercado abierto con montón de interacciones. Estando realmente comprometido con tu misión seductora, hay tantas, pero tantas posibilidades, que es un auténtico festín. Es realmente este mercado nocturno donde se producen los intercambios más fluidos y calenturientos. Muchas veces las chicas hacen cosas en la noche de las que se sorprenden a sí mismas al día siguiente y no se atreven ni a recordar.

Nosotros aprovechamos todo esto, la noche no es que sea nuestra misión, es que forma parte de nosotros. Salimos cuando oscurece y volvemos cuando amanece. Somos auténticamente vampiros nocturnos.

En la noche

Bajo la luna llena

Más o menos a las doce

El vampiro sale

Para procurarse otro goce

El pub oscuro

El lugar apropiado

Para desplegar duro

El poder amasado
Y como consecuencia
De su excelente trabajo
Consigue una chica guapa
Y se procede al goce
Toda la noche.

La soledad.

El vampiro es un ser solitario, y no gusta mucho de la compañía de los otros. Va a la playa solitaria, al río solitario, a las montañas solitarias, todo solitario. Es solamente cuando quiere interactuar con las mujeres cuando se deja ver por lugares concurridos. Lugares que realmente no gustan excesivamente, pero que son necesarios. Fiestas o zonas de terrazas soleadas.

Donde sí está a gusto es en la oscuridad del pub.

El lago iniciático del vampiro.

El vampiro en la oscuridad de su morada planifica sus viajes por tierras ignotas y salvajes. Siempre viaja solo en estos viajes de exploración e iniciación. Después, una vez investigado el terreno, podrá llevar allí a sus múltiples y valorativas mujeres que disfrutarán doble. Disfrutarán el lugar sin tener que haber investigado nada, ya les das todo hecho, y, ¡por supuesto!, disfrutan también al propio vampiro follador.

El vampiro no suele viajar a ciudades, sino a lugares inhóspitos en plena naturaleza, allí en la noche recarga sus energías absorbiendo el poder de ese lugar.

Los ríos, lagos, embalses, o cualquier corriente de agua dulce son el lugar predilecto del vampiro.

Recorrerá centenares de kilómetros para encontrar el lugar indicado. Su nuevo lugar de poder.

Una vez en el lugar de poder, el vampiro recorrerá todos los senderos, se bañará en todos los ríos, explorará todos los bosques. El vampiro se bañará desnudo al atardecer en el lago y se le irá la cabeza de tanto goce y disfrute.

Allí en la soledad, perdido por los bosques, medio desnudo y alejado de la civilización, tendrá las revelaciones que le darán el poder, para después, seducir magníficamente a casi todas las chicas que el vampiro desea seducir.

En la noche oscura, mientras llueve levemente, el vampiro se sumerge en lo profundo del lago más allá de las montañas. La luna llena brilla en el firmamento y las estrellas tiñen de luz parpadeante la superficie del lago.

En lo hondo del lago, sin ninguna luz, en la total oscuridad, hundido por completo en el fondo, el vampiro permanece allí aguantando la respiración lo más posible, hasta no poder más, y muere simbólicamente.

Después se produce el alzamiento.

El vampiro emerge de lo profundo del lago, desnudo, sin nada, totalmente minimizado en sus pertenencias, pero, desde ese momento de morir y resucitar, lo único que hará será adquirir cada vez más y más fucking power. De lo profundo del lago en la noche estrellada, emerge el vampiro trasformado en un nuevo yo, más poderoso aún que el anterior.

El lago del vampiro es extenso y rodeado de grandes bosques, allí acude para su metamorfosis, su muerte y resurrección. Al emerger todos los miedos e inseguridades del vampiro quedan en el lago y él sale limpio, puro y poderosísimo.

De la oscuridad de un lago perdido en la sierra, surgirá después la luz que atrapará irremediablemente a las mujeres que interactúen con el vampiro.

Esto es un ritual, un acto empoderador.

De la oscuridad surge la luz.

La luna.

El vampiro sube a la montaña más alta que pueda encontrar y allí en lo alto mira a la luna. Siempre lleva sus objetos mágicos que se cargan allí.

Este es otro buen lugar para adquirir poder. El mirador de la montaña. Allí tú solo de noche absorbes más y más poder celestial y telúrico, que luego es trasformado en puro fucking power, que te permite obtener todo lo que deseas. Una visualización bien efectuada en este lugar se trasforma mucho más fácilmente en pura realidad. A veces tal cual se imaginó.

Este poder absorbido de la naturaleza, del cielo, y de la tierra, es almacenado y usado después a discreción por el vampiro en el pub. Su coto de caza.

Del miedo y la muerte surge la confianza y la vida.

Donde no había nada, aparece una multitud.

De la escasez, se crea la abundancia.

De la soledad, surge la compañía.

El renacido está aquí para cobrarse otra masacre más.

Las termas.

El vampiro también se baña en aguas termales que brotan en las orillas de los ríos. Allí en esas pequeñas pozas no sólo disfruta y se relaja, sino que al ser lugares bastante concurridos, socializa y muchas veces haciendo alarde de su poderoso carisma, liga allí mismo con culonas muchachas que han sido, o bien seleccionadas por el vampiro seductor, o bien ellas mismas han acudido atraídas por su imponente figura. Eso sí hay que evitar los días muy soleados, pues el sol molesta enormemente al vampiro, prefiriendo días nublados, atardeceres, o mismamente noches.

El vampiro se va a la terma con su botella de champán y su bella amiguita para pegarse allí un lote tremendo que acabará solamente de una manera posible. Con certeza el vampiro acaba follándose a la mujer que éste con él en la terma. Mujer que se ha puesto más caliente que la propia terma pegándose el lote con el vampiro y debe ser saciada con un excelente sexo vampírico y lujurioso.

La cultura del vampiro.

El vampiro es un pozo de sabiduría. Absorbe todo, investiga, profundiza. Al vampiro le interesa enormemente todo tipo de cuestiones, especialmente aquellos temas que tienen que ver con la antigüedad y con las mansiones fastuosas que en ella hubo. Los romanos y su arquitectura e ingeniería entusiasman al vampiro.

El vampiro sabe de imperios, conoce a la perfección la caída de Roma, el sacro imperio romano germánico, las conquistas de napoleón, las gestas del imperio español, las grandes batallas, los grandes descubridores, los aventureros, los místicos.

Estudia en profundidad a personajes legendarios como Casanova o el conde Sant Germain. El vampiro sabe de prácticamente todo, es también muy versado en ciencias ocultas, magia, poder mental, física cuántica. El vampiro cree en la reencarnación, sabe de música, toca el órgano, aprende de los grandes generales y arquitectos, investiga sucesos misteriosos, energías ocultas. El vampiro es un iniciado, un maestro y un místico, a la vez que un enorme seductor.

El mago.

El vampiro seductor tiene conocimientos de magia, le fascinan las ciencias ocultas, e investiga personajes históricos míticos como el mago Merlín o el conde Sant Germain. Voy a hablar un poco de este conde que es una persona que probablemente fuese un vampiro de verdad pues vivió durante cientos de años apareciendo se por aquí y por allá por las cortes asombrando a todos con su sabiduría, su destreza para los idiomas, ciencias, música. Fue descrito como un hombre que todo lo sabía y que nunca moría. Achacaba su longevidad y buen aspecto físico a la mismísima piedra filosofal que le mantenía joven, esta piedra transformaba los metales en oro y también servía para fabricar el elixir de la eterna juventud.

El vampiro es un mago, un pequeño iniciado que conoce algunos conceptos elementales de magia y ello lo usa también para la seducción, ¡sí!, el método JD funciona, y todo funciona, porque realmente no seducimos, estamos creando, hacemos magia. Magia natural.

Las brujas.

Aunque parezca increíble las brujas existen y se las puede ver por la calle en bastante abundancia, e incluso diría que me he follado alguna de ellas. Estas mujeres aquí en Galicia son mujeres que practican la magia natural, son sanadoras, conocen las plantas y sus capacidades de sanación, tienen nociones de magia y también una facilidad innata para conectar con el otro lado. Son mujeres que aunque el nombre sea un poco tenebroso, en realidad son muy buenas y amorosas, otra cosa son las brujas malas que hacen hechizos maléficos para doblegar voluntades, eso sería magia de la mala y no es lo que hacen las brujas buenas. Antiguamente todos estos conceptos de la magia eran conocidos por los druidas celtas, éstos eran sanadores, jueces y personas de máxima autoridad.

Todos estos conocimientos se perdieron en parte con la romanización, y quedaron desperdigados en aldeas remotas atesorados por las mal llamadas brujas. Dichas brujas fueron quemadas injustamente muchas veces porque todo lo que no era catolicismo era considerado paganismo y herejía. Por lo tanto todos estos conocimientos arcanos y lejanos de los celtas, nos han sido transmitidos a través de estas brujas medievales hasta nuestros días. Hoy en día se ha conseguido recopilar prácticamente toda la sabiduría ancestral que hubo, y sigue vigente la magia, el hechizo y la brujería buena de las brujas y meigas tales como las gallegas.

Otra cosa son las brujas de Hispanoamérica que tienen un origen muy diferente, que viene del chamanismo y los nahuales y todo eso, y que poco tiene que ver con las brujas europeas. Este es un tema mucho más oscuro y no es de lo que hablo.

En general la brujería natural buena está bastante concentrada en la wicca, pero a veces tiene contaminaciones de tinte satánico que no tienen nada que ver con la brujería natural y otras con el chamanismo en su variante más maléfica, de lo que yo hablo es de brujería buena que hace el bien y que simplemente moldea tu realidad sin torcer nunca ninguna voluntad. Hay que hacer una enorme labor de investigación para encontrar los libros correctos que te hablen de magia sin contaminaciones como las que habló aquí.

Las brujas están bien, están buenas y follan bien, ¡fóllate una bruja¡ Cuando uno es el vampiro no teme a las brujas, ¡se las folla!

¿Qué pinta tiene un auténtico seductor vampiro hoy en día?

Un seductor vampiro hoy en día tiene una pinta muy buena, suele ir vestido bastante elegante con chaqueta, o traje a veces, dando preferencia a los colores rojo y negro por supuesto.

El seductor vampiro gusta de los complementos, así llevará gafas de sol para protegerse del odiado astro, y este quizás sea el complemento imprescindible para salir de día y uno de los más importantes junto con anillos labrados, pomposos collares, colgantes, y algún pendiente que se puede llevar también. Todo de buena calidad, la ropa será cómoda y elegante a la vez que de calidad, pero no de marca. El aspecto que trasmite el vampiro es el de un tipo duro y atractivo que se gusta a sí mismo.

Opulencia.

El seductor vampiro es un triunfador, ha conseguido ganarse la vida de puta madre y salir totalmente del sistema convencional de trabajar para otros, con lo cual gozará de tiempo libre y dinero para disfrutar sus fechorías seductoro-vampíricas.

Tendrá un buen coche, una buena casa, dinero en el banco, libertad para hacer lo que le dé la gana, ideas creativas que poner en práctica, y proyectos ilusionantes que realizar. Comerá poco pero sabroso en buenos restaurantes, y viajará por todos lados todo el tiempo que sea apetecible; incluso indefinidamente. Puede permitirse estar viajando todo el año, y aun así, ganar dinero.

¡Basta ya de ser pobre y de vivir miserablemente! el vampiro vive estupendamente y disfruta las enormes cantidades de dinero que consigue. Todo ello lo pensó y se materializó, tras muchísimo trabajo inteligente y duro para conseguirlo.

Libertad.

El seductor vampiro se ha liberado de lo que más limitaciones y esclavitud produce, que es tener novia. Si va con alguna chica será por un tiempo más bien breve, involucrándose más bien poco. Lo que más valora el seductor vampiro es la libertad, el poder viajar a donde quiere, el poder salir sin dar explicaciones, el hacer lo que le da la gana. Esto es mejor que el dinero y que nada, pues te permite ser tú mismo y hacer lo que quieres de una puta vez en tu vida. ¡Ya es hora!

La mayor esclavitud que tendrás en tu vida será tener una relación seria con una mujer. ¡Evítalo a toda costa!

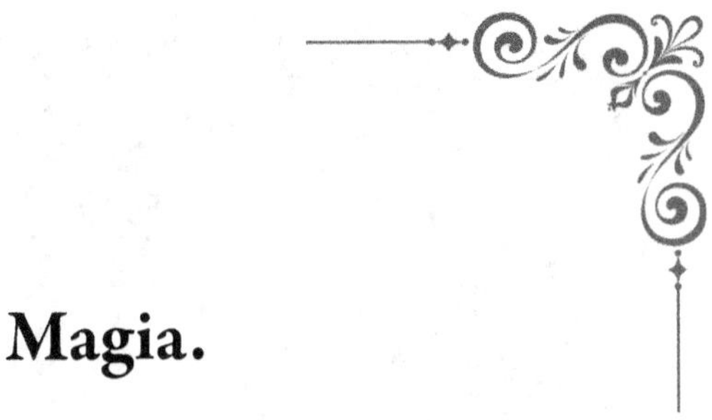

Magia.

Sí, el seductor vampiro es realmente un mago que crea su realidad con sus pensamientos. Para materializar lo que deseas tienes que imaginar muy nítidamente y después actuar como si ya lo hubieses conseguido. Pide y se te dará, puedes leer a Paracelso, potencia tus poderes con la bola de cristal. Practica el arte de la visualización. Sé un puto mago que crea su vida ideal.

Las formas pensamiento cobran vida en el éter, se crea un egregor y este te trae lo pedido.

Créeme el fucking power es real.

Mandamme Blatasky tenía razón.

JOHN DANEN

Las pelirrojas, las chicas favoritas del vampiro.

Hay que fijarse porque el aspecto exterior de la mujer denota como es su interior. Así pues una chica pelirroja, una chica que tiene el pelo de color fuego, es eso, fuego, una chica muy caliente. Suelen ser chicas muy blanquitas de piel, súper bien hechas, que tienen una cara perfecta, un cuerpo perfecto, tetas muy grandes, culo muy grande y una carne elástica, blanca y gomosa que es muy gozosa, y es excelente para lo que más nos gusta, el sexo apasionado.

Por lo tanto, siempre serán superiores, siempre serán las escogidas por el seductor vampiro, un experto del amor que ha probado a centenares de mujeres, y que al final sabe realmente lo que quiere, que es una guapa pelirroja culona, para reventar a follar con ella hasta el amanecer. Y si puede ser esclavizarla sexualmente mucho mejor. Esto es lo que quiere el seductor vampiro.

La vida del seductor vampiro.

El vampiro seductor es un entusiasta de la vida, le gusta disfrutar, salir, trasnochar, seducir, hacer cosas locas y a veces hasta peligrosas. Ama los viajes a sitios exóticos. El disfrute ocurre en cada momento, no solamente es lo que te pasa o lo que haces, sino como estas disfrutando eso mismo que te sucede.

Creo que no hay nadie más feliz alegre y despreocupado que un seductor vampiro cuyo único objetivo es disfrutar. Realmente vives la vida sin preocuparte de tonterías y siendo feliz te pase lo que le pase. Además cómo piensas siempre cosas buenas cosas buenas te suceden y así creyéndote exento de sufrir ningún mal esto se materializa y vives una vida maravillosa, donde todo lo bueno imaginado, y más, aparece como por arte de magia en la vida del seductor vampiro. Nada puede quitar la sonrisa de la cara del seductor vampiro. La gente no puede ni imaginar lo que se siente cuando estás cumpliendo tu función depredadora.

Las chicas góticas.

Estas chicas se diferencian claramente de las vampiresas en que son chicas que no van por ahí a cazar como hacen las vampiresas, sino que simplemente tienen una estética muy chula y son guapas y atractivas para el seductor. Todo lo contrario que una vampiresa que se cree la mejor, es bastante creída y hace prácticamente lo que el vampiro, pero sin ningún mérito, pues es muy fácil dejarse meter goles y muy difícil meterlos. Las chicas góticas escuchan a Marilyn Manson y Rammstein, se pintan los labios de negro, llevan ropas negras, encajes, uñas pintadas y chochos depilados y ¿Por qué no decirlo? están buenísimas y dan muchísimo morbo. Entonces exceptuando las vampiresas que también son chicas góticas, pero imbéciles, estas otras más normales que simplemente se visten así, si son recomendables para incorporar a la vida del seductor vampiro.

Motos y riesgo.

El seductor vampiro es bastante inconsciente y temerario y tiene gusto por la velocidad, pero debe controlarse por su propio bien. Le gustan las motos rápidas y los coches macarras. Es con las motos donde muestra más hombría el seductor vampiro, y donde más se la juega, poniéndolas a altas velocidades. Yo recomiendo tener motos de color negro y llevarlas más bien despacio, motos tipo custom, tipo harley, para pasear tranquilo viendo y siendo visto, sin necesidad de correr como un loco que no estamos en una carrera.

Un tipo duro y atractivo va por la carretera con su moto, su cazadora de cuero, y sus gafas de sol. Para en el bar, se toma unas cervezas, y después a la salida del bar continúa, pero esta vez con una chica guapa que acaba de conocer sentada en la parte trasera de la moto.

Leer las mentes.

Sí, el seductor vampiro es un telépata, un mentalista, una persona que entiende los pensamientos ajenos porque sabe leer a la perfección el lenguaje corporal, y sabe cuándo gusta, cuando disgusta, cuando están contentas, cuando tristes, cuando fingen, y lo que piensan realmente.

Toda esta información es usada luego para desenmascararlas, decirles la verdad, sorprenderlas con tu conocimiento profundo de ellas, y alucinarlas. Te metes en sus mentes y te anticipas a sus movimientos. Esto se aprende con los centenares de años dedicado a la seducción, y también con los poderes vampíricos que te permiten ver dentro de su cerebro, y saber qué es lo que quieren y por qué. Sí, los seductores vampiros leemos las mentes de nuestras mujeres, y sabemos cómo conseguir que hagan lo que nosotros queremos. Hemos desarrollado "el detector" que nos indica todo lo que piensan instantáneamente.

Eres un cabrón pero me gustas

La tía buena del trabajo.

No es que sea recomendable, sino que ¡es tu puta obligación!, ligarte a esa tía buena del trabajo que ves cada día, y que por causa de verla constantemente, te mortifica el no estar todavía disfrutando de su precioso cuerpo.

Estas son las primeras a las que el seductor vampiro debe de ligarse, pues como dijo el psicópata de "el silencio de los corderos" deseamos lo que vemos, y si vemos a esta, pues a esta queremos. Estos triunfos tan deseados valen bastante más que los normales, así que si quieres ser un buen seductor vampiro empieza ligándote a está y coge renombre en tu oficina como ligón.

Cuidado si acaba luego la cosa mal y se convierte en tu enemiga. Te va mortificar también, así que procura ligártela y que permanezca, o por lo menos si la dejas que acabe la cosa satisfactoriamente, y termines frío duro e independiente por completo, porque si te sigue gustando estarás muy jodido y no serás un verdadero seductor, un verdadero seductor no sufre con sus ex.

El coche del seductor vampiro.

Casi todos quisiéramos tener un deportivo o por lo menos un coche de alta gama, pero te digo una cosa, no es necesaria tanta ostentación para ser feliz, ni para atraer a las chicas, simplemente con tener un coche normal que te guste a ti, es suficiente. Nos agradamos a nosotros mismos teniendo el coche que nos dé la puta gana y si no les gusta ¡que se fastidien! Que se lo compren ellas y luego subimos nosotros en él, y de paso criticamos como hacen ellas.

Este no estaría mal.

Modales refinados.

El seductor vampiro es un dandy que va muy elegantemente vestido, tiene una cultura impresionante, pero realmente impresionante, porte elegante y ademanes finos, elegancia y distinción. Esto no es lo mismo que el sinvergüenza encantador que va de cualquier manera y al que le da igual lo que piensen de él. El seductor vampiro es refinado, amable, cortés y sibarita.

No come cualquier cosa, solamente, marisco, pescados sabrosos, frutas y verduras, dejando la carne para escasas ocasiones, ya que considera un poco, de primitivos, comer carne. El seductor vampiro se deleitará oyendo música clásica y tendrá una amplia colección musical. El seductor vampiro tendrá su casa súper limpia y ordenada e invitará a sus amigas a escuchar como toca el órgano. El les toca el órgano musical y de paso también el otro órgano, el sexual, que les gusta más que se lo toquen que el musical.

El seductor vampiro es un compositor brillante, un erudito, un sabio, las mujeres aprecian y valoran todo ese mundo interior, bagaje y amplia experiencia. El seductor vampiro ya se dijo hace décadas de él que había tenido 40 vidas, ¡pues ahora 80!, y así sigue sumando vidas, experiencias, anécdotas que otros no podrían ni imaginar.

La chica que va con el seductor vampiro queda asombrada de su finura y elegancia, y por ende atraída por estas cualidades tan poco habituales. El seductor vampiro pertenece la escuela del porte clarísimamente y es súper demandado por las chicas del lugar.

El bosque fragante y sombrío.

En la fría noche estrellada el loco del seductor vampiro va a un bosque tenebroso, pero tenebroso y acojonante y allí hace sus meditaciones y sus locuras. Hay que echarle unos huevos bien gordos la verdad, pero el seductor vampiro se pone metas de superación personal y esta es una de ellas. Ir solo al bosque de noche y estar allí un buen rato, ¡menuda cosa es! pues eso es lo que hace un seductor vampiro para superar sus miedos.

A veces se oyen sonidos que parecen voces producidos por el viento, ruidos, cánticos de pájaros, cualquier cosa asusta, pero ahí está el seductor vampiro aguantando la presión como un macho. Porque él es un hombre y un hombre puede hacer todo lo que se proponga.

La triada.

Otra vez la tríada, otra vez la puta tríada. Ya he hablado tanto de ella que no tengo mucho que contar, pero sí voy a contar algo importante, que no tienes que buscarla, que no fomentes que se forme esto. Cualquier intento de parecer más formal no funcionará, es precisamente así, loco y follador como te prefieren, y serán ellas las que vendrán a ti estando tú totalmente pasota e independiente de ellas. Y no será una triada será mucho más.

Aquel que va tratando de fidelizarlas para tenerlas fracasa, tienes que ser totalmente frío y desapegado y muy divertido y ellas mismas son las que querrán estar ahí en la triada.

Le he llamado triada por poner algo mínimo, normalmente se forman conjuntos de muchas mujeres, en el caso más extremo, en el cual estuve en peligro de muerte por tanta locura y fornicación, llegué hacer un octeto. Recuerda que cuantas más tienes más te vienen, hasta el punto de que no podrás más y caerás enfermó de tanto desgaste físico.

Cultura y arte.

El seductor vampiro va al teatro, a la ópera, al concierto de música clásica, a la conferencia sobre los literatos románticos del siglo xix, a todo acto cultural que le interese, a todo concierto, exposición de cuadros, museo de arte que le atraiga. A toda catedral o mezquita, a cada ruina, a cada castillo, a cada palacio. Todo lo relacionado con el arte y la cultura es de enorme interés para él.

Lee libros en inglés, libros sobre los romanos y su arquitectura, sobre las construcciones, rascacielos, ciencia, la antigüedad. El seductor vampiro gusta del arte y tendrá objetos como cuadros o tapices, o cualquier representación artística que le plazca.

El seductor vampiro es un compositor musical, también hace artesanías, atesora numerosas piedras preciosas que mira y extrae de ellas su energía también, así como bolas de cristal y demás objetos considerados por él sagrados.

El seductor vampiro también es pintor y expresa así su mundo interior.

El seductor vampiro escribe numerosos libros, ensayos, y novelas de todos los temas que le interesan.

El seductor vampiro investiga y profundiza cada tema que es digno de su atención, y en muchos de ellos se especializa y convierte en experto.

El seductor vampiro aprende otros idiomas, viaja y aprende cada día de su vida.

El objetivo del seductor vampiro es maximizar sus conocimientos y sus experiencias gozosas, especialmente con las chicas atractivas.

El seductor vampiro acudirá a tertulias y será un brillante orador en dichas reuniones.

El seductor vampiro es eso, un sabio, un hombre carismático que embelesa a la gente con su maravillosa capacidad para involucrarlos en sus proyectos y motivarlos a alcanzar sus objetivos.

El seductor vampiro es también un coach de vida que muestra con su ejemplo que vida se debe llevar, también ayuda a la gente muy desinteresadamente a mejorar sus vidas.

El seductor vampiro es un hombre puesto aquí para ayudar a los demás y conseguir que den la mejor versión de sí mismos.

El seductor vampiro es un guía.

El pub.

El lugar donde el vampiro consigue el 90% de sus triunfos, ese lugar oscuro, lleno de gente, de ambiente y de música, donde todo es posible y se produce la magia. Es extremadamente importante para tu desempeño como ligón qué el lugar al que vas te agrade y te entusiasme. Es realmente muy difícil ligar estando en un pub en el cual no te gusta el ambiente, la gente no te simpatiza, la música tampoco te gusta, ni la decoración, ni nada. No te encuentras cómodo, así es prácticamente imposible, por eso es súper importante que encuentres tu lugar mágico, tu caladero, tu lugar especial donde te encuentres súper bien. Este lugar tiene que tener un mercado apropiado para ti, por ejemplo si tienes 40 años tiene que ser un sitio donde vaya gente de 40 años, no gente de 19. Que te guste la música, que te guste la decoración, que te guste la filosofía del lugar.

Creo que una de las cuestiones más importantes para tener éxito en seducción, es poder encontrar ese lugar estupendo donde te encuentras cómodo y feliz, una vez estando allí empiezas a materializar tu poder, a obtener triunfos, a coger confianza, a tener recuerdos positivos de ese mismo lugar, y se va convirtiendo en un sitio fetiche, que solamente con saber que estás ahí ya te sientes poderoso.

En Santiago yo tenía mi caladero en los años 90 y pico y 2000 hasta digamos la década del diez donde cambió el ambiente, este caladero era "la Quintana" un pub tremendo donde todo era posible. También estaba "el retablo" bastante cercano a los rendimientos de este, pero era la Quintana el que más me gustaba. Una vez estando allí eufórico dije

¡Esto es la Quintana!

Como el espartano de 300.

Allí me sentía fuerte y poderoso y eso se manifestaba. Hoy en día debido a la extrema edad que ya he alcanzado ya no es mi sitio fetiche por qué cambió totalmente el ambiente y la gente tiene 30 años menos que yo. Lo importante es que existió. Y también existirán otros nuevos lugares donde se estará súper bien. ¡Encuentra tu lugar!

Los colores del vampiro.

El vampiro es un aficionado al rojo y al negro que son los dos colores que más le gustan. Están en la capa y están en muchas partes del vampiro. Fíjate mucho en las mujeres que van de rojo, las mujeres que van de rojo son mujeres calientes, especialmente si llevan zapatos rojos. Estos zapatos rojos delatan su mente calenturienta. Esto lo sé por la experiencia de décadas fijándome en cómo van vestidas y como son. Cuanto más rojo lleven, más aptas son para lanzarte.

El rojo denota poder, pasión, fuego, poderío, seguridad. Viste tú también de rojo, no pasarás desapercibido. El negro te dará el misterio y la elegancia.

Fíjate en las mujeres que llevan los labios rojos también, todo lo que sea que lleven rojo es buena señal.

Fetichismos vampíricos.

No es culpa del vampiro haberse convertido en un fetichista, han sido ellas las que te han pervertido con sus múltiples locuras. Así finalmente a los 40 años acaba el vampiro convertido en un fetichista al que le gustan las unas de los deditos de los pies pintadas de colores. Te gusta chuparlos y comerlos y da mucha excitación. Esto como ya dije es culpa de ellas, de sus perversiones, antes de empezar a follar en masa era un tipo totalmente normal, ahora que te han vuelto medio loco si una no te pone los dedos de los pies pintados de rojo en la boca no estás contento del todo. La verdad que esto es una delicatessen, un manjar tan rico como el coño o las tetas. Sí, sé un sibarita pervertido y haz estas cosas que dan tanto morbo. Un vampiro es también un fetichista, un fetichista moderado que no llega a los niveles de chalado de Tarantino, pero un poco fetichista sí.

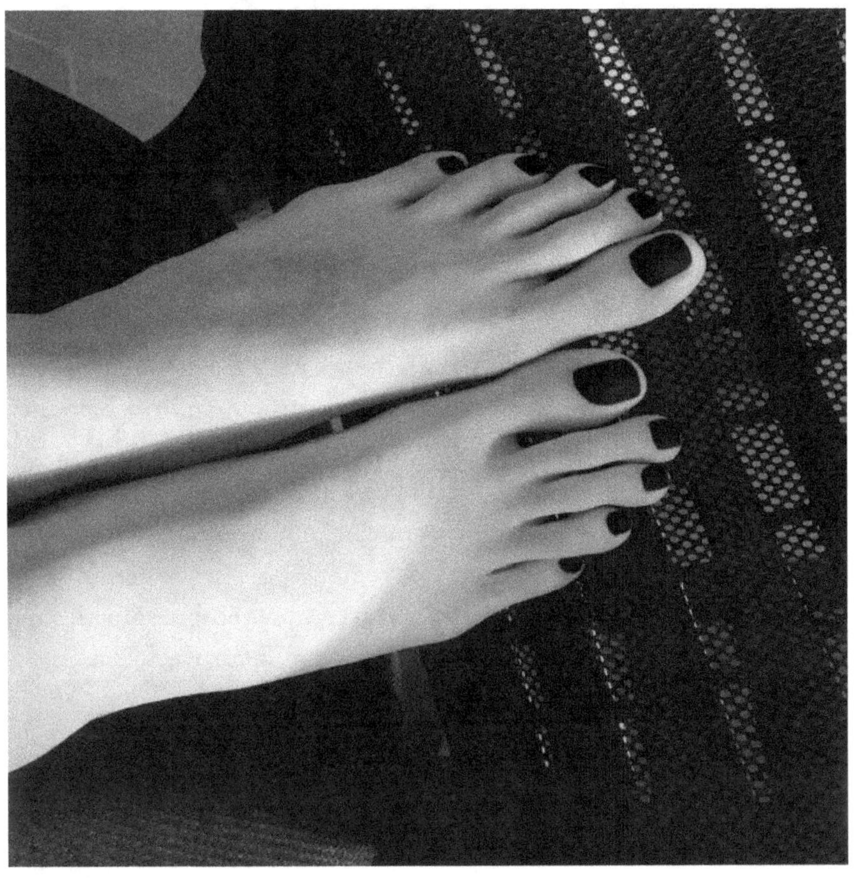

Género vampiro.

Ahora que uno puede sentirse mujer y ser mujer, o sentirse jirafa y ser jirafa, ¿por qué no voy yo a sentirme vampiro y ser vampiro? Pues eso voy a ir al registro civil a ver sí me dejan ponerme de género vampiro en el y así doy oficialidad a mi vampirismo, y cuando me pregunten si soy un hombre diré que no, que soy un vampiro, y de paso me pasaré por el forro de los cojones las leyes feministas que criminalizan a los hombres. Como no seré un hombre sino un vampiro no me afectarán ja ja ja ja. Aprovechemos las mamarrachadas que hacen los progres para nuestro beneficio.

La cacería.

El vampiro está ya en su medio natural, el pub. Ha salido solo, allí está posicionado observando detenidamente a las chicas del lugar. De repente una centra su atención, es una chica rubia de vestido blanco que marca unas curvas excelentes. Esta chica está en la barra sola, pues ha ido a pedir allí la consumición. El detector del vampiro la ha validado como óptima para ser abordada. Realmente es una pieza magnífica, tiene unos muslos muy buenos, muy buen tipo, muy atractiva muy guapa. El vampiro la mira desde lejos, ella lo mira, el sonríe levemente y ella baja la mirada un poco avergonzada pues se ha dado cuenta de que el vampiro sabe que ella lo estaba mirando, esto es justo la señal que necesitaba. El vampiro no duda ni un instante, han pasado apenas dos segundos desde que se percató de que estaba allí la chica y ya va a abordarla totalmente decidido. El vampiro aprovecha la situación estratégica y la enorme oportunidad que le brinda el que esté sola. El vampiro se pone a su lado sonríe y le dice.

-Cada vez tardan más en atender-

Ella se ríe y responde

-sí es verdad ya llevo aquí un rato y nadie viene-

-Yo te lo traigo-

Dice el vampiro seguro y llama al camarero que en poco tiempo parece.

Mientras tanto el vampiro ya se ha presentado y dado dos besos, la chica se llama Alicia por ejemplo, es de fuera y está aquí y de paso con unas amigas saliendo esta noche, en poco se irá a su ciudad que por ejemplo podría ser Valladolid.

Tiene el vampiro más datos de los que necesita, sabe lo que tiene que hacer, el vampiro se ha dado cuenta de que es una chica guapa que ha salido a pasárselo bien fuera de su ciudad, lo cual la desinhibe mucho más, no conoce muy bien en lugar, y se muestra receptiva a hablar, así que el vampiro pondrá en marcha su depredación inmediatamente.

El vampiro le pregunta

- ¿con quién estás?-

y ella responde

-Con unas amigas de aquí de Santiago-

El vampiro le dice

- yo soy el mayor conocedor de esta ciudad os puedo llevar a los mejores sitios-

Con lo cual le está dando una ventaja, un beneficio, está siendo amable, está siendo educado, además ella ve que está solo y después de lo bien que le ha caído sería un poco desagradable no darle participación en la noche y dejarlo fuera.

¿Donde están tus amigas? Vamos que quiero conocerlas.

El vampiro va con Alicia y se presenta a sus otras tres amigas, por supuesto bastante más feas que ésta. Será educado, cortés, caballeroso y simpático con ellas para que se encuentren cómodas. Está allí contando cosas, siendo divertido, las chicas se encuentran cómodas y poco a poco se va estableciendo una atmósfera de calidez y bienestar entre él y ellas. Ellas lo han aceptado totalmente. Ahora el vampiro pasados unos 20 minutos se ofrece a llevarlas de tour por la ciudad a los pubs más chulos. Ellas aunque son de Santiago siempre van al mismo sitio y tampoco conocen como el vampiro que lleva 30 años dedicado a la noche. El vampiro las lleva otro pub más oscuro y propicio, uno con más música, con más gente, donde todos están más pegados y esta intromisión en las barreras personales hace que todavía lo acepten más pues están prácticamente tocándose él y las amigas de Alicia.

En este pub empezará a crear confort y una ligera complicidad con las miradas y sonrisas con Alicia, ésta se encuentra cómoda y empieza a tocarse ligeramente el pelo. El vampiro no le dice que guapa es, ni le hace cumplidos, ni nada, simplemente está allí emanando masculinidad, siendo divertido, desinhibido, muy despreocupado de ligar con ella. Solamente está divirtiéndose y ellas están divirtiéndose con él. Se nota que está cómodo, que no les tiene miedo, que está acostumbrado a ir con chicas.

Alguna de las amigas se siente atraída por él y empieza a pegarse mucho y a preguntarle cosas, esto es una señal magnífica, pues significa que está atrayendo a las mujeres y haciendo bien las cosas. De paso el vampiro se concentra ahora en esta chica y ello hace que Alicia se sienta un poco abandonada, se da más cuenta de que ella quiere estar con él y tener más protagonismo. El vampiro disfrazando su conversación con la otra amiga de educación está haciéndola sufrir.

Después todos beben más alcohol y ríen. Cuando Alicia se siente abandonada el vampiro le dice

-Ven te voy a enseñar lo mejor de este sitio.

La coges de la mano por ejemplo y la llevas a un lugar más apartado allí le dices -

Lo mejor de este sitio soy yo

Una vez que la has separado de las amigas está se siente más cómoda y se arrima y toca mucho, Se te va la cabeza y la empiezas a agarrar de la cintura y no soltarla, te encuentras muy cómodo y agusto pegado a ella y sientes una atracción fortísima fruto de este espacio mínimo entre ambos y del alto contacto físico que estáis teniendo. Pones cara de pillo, eres desinhibido y en este caso descarado y la tocas un poco el pelo, y ¡plas! Sin más te acercas y la besas allí. Este lugar suele ser muchas veces la barra del pub y para premiarte por este beso tan bueno te pides un cubata que te sabe a gloria.

Después estás besándote fuertemente con esta chica y al segundo morreo le agarras uno de los glúteos del culo y lo amasas fuertemente, a acabar le dices -vaya culo que tienes-.

Alicia te mete la lengua más y entonces le dices

-Quiero que vengas a dormir conmigo-

Alicia te contesta

-Es que estoy con mis amigas-

y tu respondes

-no te preocupes no me como a nadie, además cuando quieras volver te llevó de vuelta-

Esta frase y otro morreo más fuerte efectuado a continuación convencen totalmente a Alicia y ella va con el vampiro a ver a las amigas y les dice que se va contigo.

Sales del pub y por el camino le pegas tres o cuatro morreos más, llegas al coche, subes a él y llegas a tu casa.

Allí sin mucho preámbulo os tumbáis en la cama ella y ya podéis imaginar lo que pasa. El vampiro pasa la noche follando de maravilla a está desconocida y lujuriosa mujer que acaba de conocer.

El vampiro la folla a cuatro patas, encima de ella, ella encima de él, se la chupa, y te corres tres veces en su mojado y caliente coño.

Por la mañana cuando te despiertas piensas ¡y yo iba a perderme todo esto por no abordarla! por Dios cuántas mujeres se pierden por ser un cobarde.

Pero no, tú, el vampiro, no eres ningún cobarde y así lo has demostrado.

Cuando Alicia despierta por la mañana habiendo dormido bien poco la llevas con sus amigas y te vuelves para tu casa contento y satisfecho del deber cumplido.

Apuntas en la lista la nueva pieza conseguida y duermes placenteramente. Al despertar entonces te das cuenta de las maravillas que has disfrutado y te da el subidón, adquieres más autoconcepto, más autoestima, más fucking power.

Te sientes él puto amo, el jefe de la ciudad, el fucking master y así es.

Y esto es la cacería, esto es lo que nos hace vivir a los seductores, a los vampiros y a todo Dios. ¡Viva la cacería!

La chica, ¡qué más da! ya se habrá vuelto y cuando quieras llamarla habrá pasado un mes y ya se perdió el momento. Esa chica nunca se perderá, quedará para siempre formando parte de tu poderío. Contribuye a ser consciente de tu puto poder. Gran chica. Esa aporta más que ninguna novia.

Esa chica hizo que te sintieras un macho, un follador, un puto ganador. No dio problemas, sólo aportó. La mejor de tu vida.

El vampiro te habla.

Tú que estás leyendo u oyendo esto, dondequiera que estés y seas quién seas, eres mi amigo. Yo me identifico contigo y con tus problemas, porque yo he pasado por todos ellos y he sufrido como el que más, y gracias a pasar por muchísimas penurias de todo tipo, económicas, sexuales, amorosas, emocionales, gracias a pasar crisis y sobre todo gracias al trabajo inmenso e ingente esfuerzo por seguir adelante, no rendirte y tratar de mejorar, sin conformarte con lo que eres, he llegado a donde llegado.

Yo quiero que tú llegues a lo más alto que te propongas, porque realmente no hay límites, sino que tú te conformas con algo que das por bueno. Quiero que entiendas que me gustaría poder influenciarte de una manera más potente que a través de este libro, y de hecho voy a hacer videos dónde saldrá todo mejor explicado espero, pero por ahora esto es lo que hay, y debes de aprovecharlo bien y motivarte bien para transformarte en lo que quieres ser.

Ahora desde la sabiduría que da la edad veo todo el pasado con claridad y estoy muy orgulloso de lo que he hecho, e ilusionado por hacer nuevas cosas. Yo soy el vampiro, el vampiro follador que aterrorizó esta ciudad durante décadas, y te doy el relevo para que tú continúes mi legado en tu ciudad, siendo un vampiro follador y divertido que vive una maravilla de vida.

Hazme caso di ¡no! ¡Yo no quiero esto! ¡Yo quiero esto otro! ¡Yo voy a luchar por esto! Álzate irreverente y no pares hasta que no llegues a tu meta.

Sé el empalador.

El oscuro.

El temido.

El más poderoso.

Sé el vampiro seductor.

El triunfo no sólo ha de ser con las mujeres, ha de ser holístico, ha de ser total.

El seductor vampiro no es un grado en tu capacidad de seducción, es una tabla paralela que no tiene que ver con tu capacidad pudiendo ser ligón, seductor, sexductor o lo que sea, es más bien una estética.

Los hombres necesitan despertar y darse cuenta de que la vida del seductor vampiro es mucho mas satisfactoria que ninguna.

Mientras la gente despierta, nosotros los que ya sabemos lo que somos, continuamos nuestra depredación.

Todo lo se, todo lo veo, se lo que piensas, te veo el aura incluso a distancia, Yo soy el vampiro.

Esto es lo que tengo que contar del seductor vampiro. Gracias por escucharme.

La noche del vampiro.

Si, esta noche es la mejor noche de tu vida, hoy saldrás por las lúgubres callejuelas de tu ciudad. Asegúrate de que esté bien oscuro, la noche es nuestra amiga. Si, hoy vas a salir a seducir una estupenda chica gotica que conoceras en un pub oscuro y tumultuoso. Después al amanecer si la conquista fue buena vuelves a tu morada a ocultarte del sol con ella, Aprovecha esta noche con ella, es lo que tienes, vive el momento. Los vampiros vivimos asi, de momento en momento.

La mejor noche de tu vida,

¡A Jugar!
¡A morder!

Don't miss out!

Visit the website below and you can sign up to receive emails whenever John Danen publishes a new book. There's no charge and no obligation.

https://books2read.com/r/B-A-FUKJ-UPEMC

Did you love *El seductor vampiro*? Then you should read *El ángel Sex-terminador*[1] by John Danen!

[2]

El ángel sex-terminador es un libro que te enseña cuales son las etapas de los buenos seductores, ¿Qué pasa en la cima?, ¿Qué es la hipergamia? ¿Qué es lo que siempre debes vigilar? ¿Cómo motivarte de nuevo tras mucho tiempo jugando? Como volver ganador al juego del amor. Es un libro que te guía a lo largo de toda tu carrera como seductor. Un libro de madurez.

---

1. https://books2read.com/u/bPLyMx

2. https://books2read.com/u/bPLyMx

Also by John Danen

Seduction 5.0
S.A.X.
Chicas complicadas
Seducción 5.0
El libro del tonto
Macho Alpha
Macho alpha extracto
La seducción después de la pandemia
Terriblemente atractivo
Seducción 5.1
Sedução 5.1
How to be Cool and Attractive
Sedução. Avançada. X.
Garotas complicadas
¡Basta de ser buen chico! Sé un chico malo.
El método JD. El método de seducción de John Danen
El arte de agradarte a ti mismo
¡Basta ya de abusos! ¡Defiéndete!
Enought with the abuse! Defend yourself!
Máster en seducción
Las mujeres. El amor. Y el sexo.
Supera la dependencia emocional
Atrae mujeres con masculinidad
JD Absoluta seducción
El fracaso del amor

Entender a las mujeres
La vida del seductor sinvergüenza y encantador.
El arte de la dureza
Terrivelmente atraente
Deixe de ser um bom da fita! Seja um mauzão.
Superar a dependência emocional
A arte de se agradar
Pare o abuso! Defenda-se!
O fracasso do amor.
O método JD
Don´t Be a Good Boy! Be a Badass
Complicated girls
The Art of Pleasing Yourself
Duro y Sinvergüenza
Mestre en sedução
JD Method
The Failure of Love. The Trap of Serious Relationships
Master in Seduction
A. S. X. Advanced. Seduction. X
Women. Love. Sex
How to Become a Real Man. Be an Alpha Male
Attract Women with Masculinity
JD Absolut Seductión
Understanding Women
The Life of the Shameless and Charming Seducer.
The Art of Toughness
Tough and Shameless
Überwindung der Emotionalen Abhängigkeit
Maître en séduction
Schrecklich Attraktiv
Surmonter la Dépendance Émotionnelle
L'art de la dureté
Die Kunst der Zähigkeit

Hör auf, ein guter Junge zu sein, sei ein böser Junge
Assez D'être un Bon Garçon ! Sois un Mauvais Garçon.
Die Kunst, sich Selbst zu Gefallen
Dur et sans Vergogne
Hart im Nehmen und Schamlos
L'art de se Plaire à soi-Même
Das Scheitern der Liebe
L'échec de L'amour.
Meister der Verführung
Die JD-Methode
Maestro di Seduzione
Terriblement Attrayant
La Méthode JD
Capire le donne
Compreendendo as Mulheres
Comprendre les Femmes
Die Frauen Verstehen
Les Filles Compliquées
Komplizierte Mädchen
JD Séduction Absolue
La Vie du Séducteur Charmant et sans Vergogne
Les Femmes. L'amour. Et le Sexe.
Mâle Alpha
S.A.X.
V.F.X.
Donne. Amore. E il sesso.
Ragazze Complicate
Superare la Dipendenza Emotiva
Seduzione. Avanzata. X.
Dark Seducción
Il Fallimento Dell'amore.
Il Metodo JD
Alphamännchen

Atrair Mulheres com Masculinidade
Attirare le donne con la Mascolinità
Attirer les Femmes par la Masculinité
Mit Männlichkeit Frauen Anziehen
Frauen. Liebe. Und Sex.
L'arte di Piacere a se Stessi
Mulheres. Amor. E Sexo.
JD Seduzione Assoluta
JD Absolute Verführung
JD Sedução Absoluta
Das Leben des charmanten, schamlosen Verführers
Smettila di Fare il Bravo Ragazzo! Essere un Cattivo Ragazzo.
La Vita del Seduttore Affascinante e Spudorato
A Vida do Sedutor Encantador e sem Vergonha
Macho Alfa
Uomo Alfa
Séduction 5.0
Verführung 5.0
Seduzione 5.0
Duro e Senza Vergogna
Duro e Sem Vergonha
L'arte della Durezza
A Arte da Dureza
The Fool's Book
Das Buch der Dummköpfe
Il Libro dei Pazzi
O Livro do Tolo
Dark Seduction
Dunkle Verführung
Sedução Escura
Dark Seduction
Seduzione Oscura
Le livre du fou

Como materializar lo que deseas con el fxxxxxx power
Como materializar o que você quer com o Fxxxxxx Power
El ángel Sex-terminador
El seductor vampiro
O Vampiro Sedutor
Sex-Terminating Angel
The Vampire Seducer
How to Materialize What You Want With The Fxxxxxx Power
El camino del maestro
Il vampiro seduttore
O camiño do mestre
La via del maestro
Der verführerische Vampir
Le sedusant vampire
Der Weg des Meisters
La voie du maître de la séduction
The Way of the Master
Come materializzare ciò che si desidera con il Fxxxxxx Power
Wie Sie Ihre Wünsche verwirklichen können mit dem Fxxxxxx Power
El método EDP
O método EDP
The EDP method

About the Author

Español.

Soy un hombre vividor y divertido que busca el lado bueno de las cosas siempre.

Mi experiencia es el campo de las relaciones personales y de la seducción. Por eso tras dedicarme larguísimas décadas a ello, quiero trasmitir mis conocimientos. Para que las nuevas generaciones tengan unos conceptos que les den una ventaja competitiva sostenible y poderosa en el campo del amor.

Quiero ayudarte a a conseguir tus metas.

Portugués.

Sou um homem animado, e divertido, que sempre procura o lado bom das coisas.

Minha experiência está no campo das relações pessoais e da sedução. É por isso que, após décadas de dedicação a ela, quero transmitir meus conhecimentos.

Quero ajudá-los a alcançar seus objetivos.

Inglés

I am a lively and fun man, who always looks for the good side of things.

My experience is in the field of personal relationships and seduction. That is why, after decades of dedicating myself to it, I want to pass on my knowledge. So that the new generations have concepts that give them a sustainable and powerful competitive advantage in the field of love.

I want to help you achieve your goals

Français Je suis un homme vif et drôle qui cherche toujours le bon côté des choses.

Mon expérience se situe dans le domaine des relations personnelles et de la séduction. C'est pourquoi, après m'y être consacré pendant des décennies, je veux transmettre mes connaissances. Pour que les nouvelles générations disposent de concepts qui leur donnent un avantage concurrentiel durable et puissant dans le domaine de l'amour.

Je veux vous aider à atteindre vos objectifs.